www.ingramcontent.com/pod-product-compliance
Lightning Source LLC
Chambersburg PA
CBHW081726220526
45468CB00008B/1993
* 9 7 8 1 7 2 1 8 1 0 7 3 4 *